KB123143

김만덕

금단의 선을 넘은 여성
위대한 나눔을 전하여
험블리스 오블리주를 실천하다

김만덕

글·윤해윤

나무처럼
Namubooks

은혜로운 빛이 온 세상을 비추다

제주는 유배의 땅이었다.

원시의 신비와 독특한 문화가 있는

신비로운 섬이었지만,

조선의 제주는(당시엔 탐라)

정치적 격리의 땅으로 전락하여 비운의 섬이 되었다.

조선의 왕들은 머나먼 외딴섬으로

정치적으로 위험한 인물들을 추방해 격리했지만,

워낙 영향력 있는 인물이 많아서

마냥 안심할 수는 없었다.

그렇기에 항상 제주를 예의주시하며
감시를 게을리하지 않았다.

섬 전체가 시커먼 현무암으로 이루어진 제주는
땅이 척박해서 농사가 잘 안되어 흉년이 잦았고,
태풍과 해일, 가뭄 등 크고 작은 자연재해가
끊이질 않은 데다 온갖 풍토병이 유행했다.

전라도에 속한 제주는 한라산을 기준으로
'제주목', '정의현', '대정현'으로 나뉘었고,
제주목의 수령(제주목사)이 정의현과 대정현 고을의
지휘권을 지녔다.

제주 최고의 권력자 제주목사는
조정에 진상할 공물을 과하게 책정해
제주 백성의 피를 빠는 경우가 허다했다.
게다가 왜구의 침입이 빈번했기에
제주목사는 제주 해안 경비를 강화한다는 명목으로
15세 이상 남자에게 과도한 군역을 부과하곤 했다.
고달픈 상황에 부닥친 제주 백성은

섬을 떠나 남해안에 터를 잡고 살았는데,
그 지역에서는 독특한 제주 방언과
낯선 문화를 지닌 이들을 '두무악'이라고 부르며
경계하고 천시했다.

제주를 떠나는 사람들이 급격히 늘어나자,
노동력 유출을 막기 위해서
인조7년(1629)에 제주 사람이 육지로 나가는 것을
금하는 '출륙금지령'이 내렸다.
이로써 제주 사람들은 200년 동안
감옥 아닌 감옥에 갇히는 신세가 되었다.

'출륙금지령'은 제주 여성에게 더욱 혹독했다.
지금과는 다르게,
여성의 인권이 거의 존재하지 않던 조선에서,
그것도 제주라는 섬에 갇힌 여성은
혹독한 가난과 멸시, 중노동에 시달리며
낮에는 바다에 나가 물질하고,
밤에는 바느질이나 갓을 만드는 등의 수공업으로
몰려오는 잠을 쫓으며 생계비를 마련했다.

정조 시대에 '출륙금지법'이 해제되었으나,
그것은 남자에게만 적용되는 법이었다.
육지의 남자들과 결혼조차 할 수 없는
제주 여성은 어떠한 법의 보호도 받지 못하고,
수많은 폭력에 노출되었다.

이런 제주에 '김만덕'이란 여성이 있었다.
왕족이나 양반가의 여성조차도
자신의 이름 석 자로 살 수 없던 조선에서,
그것도 외딴섬 제주에서,
위대한 나눔을 전한 기생 출신 김만덕은
혁명과도 같은 여성이었다.

김만덕은 제주 밖으로 한 발짝도 나갈 수 없는
제주 여성의 운명을 극복하고
정조 임금이 보낸 배를 타고
한양에 가서 임금을 만나는 영광을 누렸다.
이것은 신분 사회인 조선에서는 있을 수 없는 일이었다.

지금과는 다르게 여성은 오로지 남성에 의지해야만

먹고사는 것이 해결되던 조선 시대,

그것도 유배의 땅 제주에서,

김만덕은 자신에게 씌워진 모든 굴레를 벗어던지고

모든 한계를 뛰어넘었다.

현재 우리가 쓰는 오만 원권 지폐 도안 시

김만덕은 후보에 올랐고,

신사임당과 끝까지 겨루었다.

위인을 평가하는 기준은 각자 다르겠지만,

김만덕은 후보에 오른 그 누구보다도

신분과 비주류라는 한계를 뛰어넘은 인물이다.

한국 사람 대부분이 신사임당은 알지만,

김만덕을 아는 이들은 많지 않다.

이것은 김만덕이 아직도 제대로 된 가치평가를

받고 있지 못하다는 증거다.

그렇기에 김만덕이 오만 원권의 주인공이 되었더라면

훨씬 더 오만 원권에

숭고한 가치가 매겨졌을 거라는 아쉬움이 남는다.

차례

낭만과 이색의 섬 제주는

예전엔 문명이 뒤떨어지고,

굶어 죽는 사람이 허다한 죽음과 고통의 섬이었다.

여자, 돌, 바람이 거의 다라는 제주에서

김만덕은 흔하디흔한 여자로 태어났으며

'제주 여자'라는 고통의 굴레를 끼고 살아야 했다.

1739년 조선의 신분 사회에서 태어난

김만덕의 신분은 평민이었고,

만덕의 아버지 김응렬은 상인이었다.

김웅렬은 제주의 특산품인
미역과 전복, 귤, 표고버섯을
육지에서 쌀과 보리, 콩, 소금을
싣고 오는 상인과 거래했고,
나름 수완이 좋아서 다른 이들과는 다르게
먹고살 거정 없이 풍요로운 가정을 꾸렸다.

만덕의 어머니 이름은 전해지지 않는다.
다만 성이 고 씨였다는 것 외에는.

제주의 상인은 배를 타고 나갔다가 풍랑을 만나
돌아오지 못하는 경우가 허다했기에
남자보다는 여자가 많았다.
자연스럽게 신분이 천한 남자들도
첩을 두세 명씩 거느렸는데,
어쩐 일인지 김웅렬은 첩을 두지 않았다.
부부 금실이 아주 좋았던 것 같다.
확실히 그가 남달랐다고 할 수 있는 것이
딸인 만덕에게도 아들인 만석과 만재처럼
돌림자로 이름을 지어 준 것을 보면 말이다.

평범한 가정에서 만덕은 별 어려움 없이
열두 살까지는 행복을 누렸다.
그러나 불행히도 어느 날 바다로 나간 김응렬은
풍랑 탓에 돌아오지 못했다.
엎친 데 덮쳤다고나 할까.
김응렬이 죽고 6개월 뒤에
어머니 고 씨 부인도 세상을 떠났다.

당시 조선은 전염병으로 몸살을 앓고 있었는데,
고 씨 부인도 이 전염병을 피해 가지 못했다.
고 씨 부인의 죽음으로 만덕과 두 오라비는
오갈 데 없는 신세가 되었고,
평범한 행복은 물거품처럼 사라져버렸다.

만덕의 두 오라비 만석과 만재는
일을 부려먹을 요량으로 친척들이 데려갔고,
어린 만덕은 외삼촌에 맡겨졌다.

불행은 겹쳐서 오는 법.
외삼촌도 병을 얻어 앓아누웠고,

배를 곯는 절박한 상황에서 외숙모는
객식구인 만덕이 고울 리 없었다.
외숙모는 만덕을 툭하면 때리며 구박했고,
온갖 궂은일은 다 시켰다.
만덕의 눈에 눈물이 마를 날이 없었다.

고 씨 부인이 죽은 그해 겨울 어느 날,
만덕이 우물에서 물을 길어
마당으로 들어서는 순간,
외사촌 동생들이 뛰어놀다가 만덕과 부딪혀
물동이가 그만 바닥에 떨어져
와장창 박살이 나고 말았다.

물동이 깨지는 소리에
부엌에서 외숙모가 달려 나왔고,
깨진 물동이를 본 외숙모는
만덕의 뺨을 후려치며 야단을 쳤고,
만덕은 변명 한마디 못하고 코를 훌쩍이며
마당 바깥으로 나왔다.

만덕이 돌담 밑에 쪼그리고 앉아서
눈물을 닦는데,
낯선 부인이 다가와서 말을 걸었다.

"애야, 왜 우니?"

"……?"

"너, 참 예쁘구나."

만덕은 손등으로 눈물을 훔치며 부인을 바라보았다.
화려한 비단옷을 입은 그 부인에게서
향긋한 분내가 풍겼다.

"네 잘못도 아닌데 어머니가 심하게 야단을 치더구나."

"어머니가 아니라 외숙모예요."

"그럼 어머니는 어디 계시니?"

"돌아가셨어요."

부인이 만덕의 머리를 쓰다듬었다.
아이는 굶주려서 비쩍 마른 얼굴이었지만,
이목구비가 또렷했고 총기가 있어 보였다.

특히 두 눈은 짙은 쌍꺼풀이 져서
서양인처럼 보여 이국적인 분위기가 났다.

　"난 월중선이야. 너, 나랑 살래?"

　"저……그래도 되나요?"

고개를 끄덕이며 월중선은
안으로 들어가 만덕의 외숙모에게
엽전 한 뭉치를 던져주고는
만덕의 손을 잡고 집으로 향했다.

기생이 되어야 한다니 ————————— 2

월중선은 한때 제주를 주름잡던 기생이었다.

이제 쉰 살이 넘은 월중선은 은퇴해서

하릴없이 세월을 보내다가

우연히 만난 만덕에게 강하게 끌리었다.

월중선은 뒷방 늙은이 취급받는 지금의 신세가

만덕으로 말미암아 변할 수 있음을 감지했고,

그 순간 다시 권력을 잡고 싶다는

욕망이 되살아났다.

월중선의 집으로 온 만덕은

쌀밥에 갖가지 반찬을 먹었고,

고운 옷을 입었다.

어린 만덕은 나날이 고와졌다.

만덕에겐 꿈같은 나날이 이어졌다.

얼마나 지나 월중선은 만덕에게 춤과 창을 가르쳐 보았다.

제법 잘 따라 했다.

가능성을 본 월중선은 만덕을

수양딸로 삼기로 마음먹었다.

기생의 딸이 된다는 것은 기생이 된다는 것을 의미한다.

제주 기생은 관아에 속한 노비로 천민인데,

신분 사회에서 신분이 떨어진다는 것은

최악의 상황이었다.

그것도 양인에서 천민이 된다는 것은

목숨을 걸고 막아야 할 상황이었다.

그러나 어린 만덕은 두려웠다.

무턱대고 월중선의 뜻을 어겼다가 쫓겨나면 어쩌지?

다시 힘겹던 시절로 돌아가는 것이 죽기보다도,

기생이 되는 것보다도 싫었다.

그러니 달리 방도가 없었다.

월중선의 수양딸로 만덕이 기생이 되는 과정은

그야말로 평탄대로였다.

기생 교육을 맡은 교방에서 춤과 창, 악기를 배웠고,

양반을 대하는 예의범절을 배웠으며,

말타기도 익혔다.

만덕은 목소리가 청아해서 창을 몹시 잘했고,

거문고를 비롯해 악기를 다루는 솜씨가 빼어났다.

춤도 잘 추었고,

유머 감각도 아주 좋아서

분위기를 주도할 줄도 알았다.

당시 제주 기생은 말을 타면서

춤을 추는 기술을 연마해야 했는데,

만덕의 말 타는 솜씨와 춤은 보는 이를 압도했다.

만덕의 예술적 기질은 분명히 타고난 것이었다.

혹독한 2년간의 기생 교육을 마친 만덕은
기녀로 등록되었다.
이로써 만덕은 천민이 되었고,
기생이라는 평생 피할 수 없는 숙명을 안았다.

일반적으로 지방 관기는
연회에 참석해서 흥을 돋는 역할을 한다.
또 사신을 접대하고,
수령의 수청도 들어야 하고,
향족들 연회에도 참석해야 하며
조정이나 전라도 관찰사가 파견한
관리의 수청도 들어야 한다.
이것은 관기가 치러야 할 일종의 노역으로,
만덕도 이런 노역을 피할 수는 없었다.

동기 기생들은 얼굴과 몸치장에 많은 정성을 쏟으며
제주목사와 판관, 하다못해 하급 관리의
눈도장이라도 찍으려고 안간힘을 썼다.
기생이 권력을 가진 자들과 가까이하면
권력을 누리는 것은 당연했다.

기생에게 힘이 생기면

귀찮은 외지 손님의 수청에서 빠질 수 있고,

유지들이 주최하는 각종 연회도

골라서 참석할 수 있었다.

그러나 만덕은 이런 편법에 참여하지 않았다.

힘 있는 자를 가까이 두는 것은 한계가 있는 법이라고

생각했기 때문이다.

차라리 실력을 키워서 스스로 힘을 갖는 길을

택하기로 마음먹은 것이다.

그래서 잠시도 게을리하지 않고

춤과 창, 교양을 연마했고,

3년 뒤 만덕은 제주에서 가장 유명한 기생이 되었다.

양반의 삶은 부유하기 이를 데 없었다.

전염병이나 흉년으로 수많은 생명이 죽어 나가도,

양반들은 아랑곳하지 않았다.

그들의 눈에 가난한 백성들은 보이지 않았고,

그저 자신의 영달만을 위해서

줄 서고 아첨하기 바쁠 뿐이었다.

세상은 힘 있는 양반들을 위해서 존재했다.

이것이 만덕이 기생이 되어 본 세상이다.

전에는 양반을 만날 기회가 없어서

양반들을 잘 알지 못했지만,
가까이에서 본 양반의 모습은
만덕이 상상했던 것과는 완전히 달랐다.
이것은 만덕에게는 충격으로 다가왔다.

가난한 제주 백성을 구할 사람은
양반들이라고 생각했었다.
그들이 가난한 이들을 가엾이 여기어
하루빨리 좋은 세상을 만들어 주기만을 고대했었다.

그러나 가까이에서 본 양반들은
추호도 그럴 마음이 없었다.
그들은 어떻게 하면 가난한 이들을
쥐어짜 자기 배를 부릴 생각만 하고 있었다.

제주는 쌀이 귀해서 쌀밥은 구경조차 하기 어려웠고,
대부분 보리밥이나 조밥을 먹곤 했는데,
이것 역시 배불리 먹는 것은 꿈이었다.
하지만 부유한 사대부들은
윤기가 자르르 흐르는 쌀밥을

끼니마다 배불리 먹었고,

값비싼 육지 물건들을 거리낌 없이 사들였다.

기생이 된 만덕의 삶은 풍족했지만,

쌀밥 먹는 것을 자제하고,

검소하게 살았다.

만덕은 일단 절약해서 재물을 모아야겠다고 생각했다.

기생 생활을 하면서 깨달은 것 중 하나가

재물은 힘이 있다는 것이었다.

재물을 모으는 것만이 자신을 보호할 길이었다.

제주의 최고 권력자 제주목사도

가난한 백성의 삶에는 별반 관심이 없었다.

제주목사는 진상품과

유배 온 사람들 관리에만 온 힘을 쏟았다.

그들의 목표는 단 하나,

좌천이나 다름없는 제주목사 직에서 벗어나

육지로 나가는 것이었다.

그렇기에 제주목사는 유배 온 사람들과

제주 권력자들의 유착 관계와 그들의 동태를
세밀히 살펴서 조정에 보고하며
하루빨리 제주를 벗어나려고 애썼다.

제주 유지들은 귀향 온 고위 정치인에게 줄을 대려고
딸을 첩으로 바치기도 했다.
그러나 유배가 풀린 정치인은 제주를 떠났고,
그들의 첩과 자식들은
그대로 제주에 머물러 살았다.
그것은 '출륙금지령' 때문이기도 했고,
귀향 온 사람이 첩과 자식을 데리고
상경할 수 없기 때문이기도 했다.

'출륙금지령'은 가난을 더는 못 참고
제주 사람들이 섬을 탈출해 육지로 나가자,
조정에서 제주의 노동력이 육지로 이탈하는 것을
막고자 내린 조치였다.

'출륙금지령'은 왕족도 피해갈 수 없는 법이었다.
인조 6년(1628) 역모에 휘말려 죽은

선조의 7번째 왕자인 인성군의 가족이

제주로 유배를 왔다.

오랫동안 제주에서 유배 생활을 하던 중

왕자의 아들들이 장성해

제주 여인과 혼인해 자식을 낳았다.

그런데 이들의 유배지를 옮기라는 명령이 떨어졌고,

출륙금지령 때문에

처자식과 함께 제주를 떠날 수 없어,

왕족들은 홀로 떠났다.

이후 유배에서 풀린 이들은

제주에 있는 처자식을 데려오게 해 달라는

상소를 올렸지만,

받아들여지지 않았다.

당시 '출륙금지령'은 어길 수 없는 법이었다.

기생 만덕의 소문은 곧 육지까지 퍼져 나갔다.

남다른 미모에 악기를 타는 솜씨와 춤추는 맵시,

사대부를 대하는 능숙함이

세상에 둘도 없다는 소문이었다.

이런 소문에 전라도의 관리들은
제주에 출장 갈 일이 생기면
만덕을 보고 싶어서
너도나도 자원하기에 이르렀다.

소문은 암암리에 한양까지 퍼져서
어떤 관리는 만덕이 궁금해서
좌천이나 다름없는 제주목사 직을
자청했다는 소문도 있었다.

만덕이 기생으로 명성을 얻자,
제주목사와 관리들은 만덕을 예인으로 대우했다.
육지 손님을 위한 연회라도 만덕이 원치 않으면
접대에서 빼주는 등 배려를 아끼지 않았다.

제주의 최고 권력자인 목사가
일개 관비에 불과한 만덕을 배려한 것은
그만한 효용 가치가 있어서였다.

당시 조정에서는 제주도를 항상 주시하고 있었다.

중앙에서 멀리 떨어져 있는 데다

정치적으로 위험한 인물이 많이 유배되었기 때문이다.

만약 제주목사가 유배자를 돕는다면

왕권에 위협을 주기 충분했기에.

왕은 비밀리에 감찰사를 파견해

제주의 동태를 살피곤 했다.

상황이 이렇다 보니 새로 부임한 제주목사는

조정의 동향에 촉각을 곤두세웠다.

불시에 찾아온 감찰사에 책이라도 잡히는 날엔

승진은커녕 파직을 면하기 어렵기 때문이다.

제주목사는 조정에서 어사가 오면

기녀를 총동원해 성대한 연회를 베풀었다.

물론 이런 연회 때마다 제주 명기 만덕의

출중한 노래와 춤, 말솜씨는 그들의 혼을 쏙 **빼놓았다.**

이러는 과정에서 만덕에게 사람 보는 눈이 생겼고,

세상을 이해하는 힘이 생겼다.

자연스럽게 만덕의 입지는 높아졌고,

부도 점차 쌓여갔다.

만덕은 어느 시기가 되면

신분을 회복할 수 있을 거라는

희망으로 악착같이 재물을 모았고,

기생치고는 몹시 검소하게 생활했다.

만덕은 두 오라비와 외삼촌을 경제적으로 도왔고,

술상에 남은 음식을 모아서

거리의 아이들에게 나누어주었다.

가끔은 가난한 아이들을 위해 한 상 차려주기도 했다.

그들을 보면 어릴 때 자신을 보는 것 같아

눈물이 낫다.

수양어머니 월중선은 만덕이 더 나이 들기 전에

제주 권력가의 소실이 되어

한밑천 챙기고

기생에서도 벗어나라고 만덕을 압박했다.

만덕이 기생에서 벗어나는 길은

양반가의 소실이 되는 길 외에는 없는 듯했지만,

만덕은 소실이 되고 싶은 마음은
추호도 없었다.
남에게 의지하여 기생에서 벗어나면
또 다른 굴레가 생기는 법이다.

수양어머니 월중선만 봐도 알 수 있었다.
월중선이 억압과 가난에서 자신을 구해줬지만,
기생이 되어야 하는
또 다른 굴레가 생기지 않았는가.
스스로 나오지 않으면
이 굴레에서 벗어나 저 굴레로 가는 것이다.
무엇보다 만덕은 소실의 삶을 살고 싶지 않았다.

게다가 만덕에겐 남몰래 흠모하는 사내가 있었다.
그의 이름은 고선흠이고,
제주 관아의 말직인 통인을 맡은 제주토박이였다.

고선흠은 열아홉 살에 혼인해서
두 딸을 낳아 평범한 삶을 살았으나,
불행히도 몇 년 전에 아내가 죽었다.

그런데도 고선흠은 재혼을 하지도

첩을 들이지도 않고 홀로 살았다.

그는 아내를 얻을 의지가 없는 듯했다.

고선흠은 벼슬이 낮았지만,

학식이 꽤 높고 성품이 곧았다.

이것이 만덕의 마음을 사로잡았다.

제주의 모든 남자가 만덕에게 다가와

말 한마디 걸어보는 것이 소원이었다.

그런데 고선흠은 만덕과 우연히 부딪혀도

만덕에게 눈길 하나 주지 않고 무심히 지나쳤다.

그는 기생 만덕에게는 마음이 눈곱만큼도 없는 듯했다.

그리고 다른 기생들을 비롯해 다른 여인들도

무뚝뚝한 고선흠에게는

별반 관심이 없어 보였다.

그런데 웬일인지 만덕은 자꾸 그에게 눈길이 갔다.

하지만 천하의 만덕이라도,

전혀 눈길을 주지 않는 고선흠에게

먼저 다가가기란 어려운 일이었다.

그렇기에 만덕은 남몰래 짝사랑하는

처지가 되었다.

한양에서 온 어사들은 술상에 오른 옥돔과 표고버섯을
보고는 감탄을 금치 못했다.
그들은 옥돔과 표고버섯의 품질을 칭찬하느라
입이 닳았다.

만덕은 고개를 갸웃했다.
물론 제주에서도 가난한 백성은
구경도 못할 음식이지만,
귀한 양반님들 상이나 잔칫상에는
어김없이 등장하는 음식인터라

이것들이 그리도 귀한 것인 줄은 몰랐던 것이다.
만덕은 그제야 옥돔과 표고버섯이
육지에서는 고기보다 더 귀하다는 것을 알았다.

  '옥돔은 상하니 어쩔 수 없다고 해도,
  저 표고버섯을 육지에 내다 팔면 얼마나 좋을까?'

만덕의 마음 저 밑바닥에서
잠자고 있던 무언가가 꿈틀대고 있었다.
그러나 그것의 실체를 만덕은 알 수 없었다.
처음 느끼는 감정이었기에.

재물이라는 것은 참으로 신기한 것이었다.
만덕은 어느 정도 재물을 모으고 나니,
욕심이 생겼다.
처음엔 생계 걱정 안 하고,
두 오라비를 도울 정도만 있으면 충분하다고 생각했는데,
막상 그 정도 생기고 나니,
그것으로는 부족하다는 생각이 들었다.
이 정도 재물로는 삶을 바꿀 수 없다는

생각이 든 것이다.

아무리 제주에서 제일가는 기생이라고 해도,

기생으로 만족한 삶을 살 수는 없었다.

지금이야 천하제일이라고 추켜세우지만,

나이가 들어 늙으면,

수양어머니 월중선처럼 될 것이 뻔했다.

게다가 신분이 천하니 손가락질을 피할 수도 없었다.

만덕은 무엇보다도 이 손가락질에서

벗어나고 싶었다.

두 오라비야 그렇다 쳐도

조카들을 보는 것이 부끄러웠다.

조카들도 고모가 기생이라는 것이 창피한 듯했다.

만덕은 반듯이 신분을 회복해서

양인으로 돌아가야겠다는 절실한 생각을 하며,

악착같이 재물을 모았다.

재물은 사람의 삶에 몹시 중요했고,

벼슬아치들과 세력가들은 탐욕스럽게 재물을 탐했다.

그들은 재물을 갈취하는 법과
재물을 축적하는 법을 아주 잘 알고 있었다.
반면에 가난한 백성들은 굶지 않고
먹고사는 것만을 바랄 뿐,
언감생심 재물을 모은다는 생각은 하지도 못했다.
그들에게 재물을 모은다는 것은
딴 세상 이야기라고나 할까.
그러니 부자는 더 부자가 되고,
가난한 이들은 더 가난해졌다.

그러던 어느 날,
역시나 잔칫상에 오른 표고버섯을 보고
연신 감탄하는 한양 양반네들을 보면서
만덕은 문득 이런 생각이 들었다.

　'큰 재물을 모으는 길이 장사에 있지 않을까?'

그 뒤로 만덕의 머릿속은 온통 장사 생각으로 그득했다.
장사만이 큰 재물을 만질 수 있을 것이고,
당연히 재물은 사람을 움직일 수 있다.

양반에서 천민까지 모두.

심지어 임금까지도.

그러니 장사를 해야 한다.

아버지처럼.

하지만 더 크게.

이것은 조선의,

그것도 제주의 기생이 꿈꾸기에는 비현실적이었다.

여성의 인권은 제쳐두고라도

목숨마저 남성의 손에 달려 있던

조선 여성의 꿈 치고는 참으로 당찼다.

그러나 뜻이 있는 곳에 길이 있는 법이다.

만덕이 공식적으로 기생에서
벗어날 방법은 두 가지가 있었다.

그 하나는 양반의 소실로 들어가서
일정액의 돈을 내고 면천되는 것이고,
다른 하나는 쉰 살까지 기다렸다가 기생에서 퇴직하고,
딸이나 조카를 기적에 올리고 빠져나가는 것이었다.

만덕은 이 두 방법 다 내키지 않았기에
고심이 컸다.

분명히 다른 방법을 찾아야 했다.

기생의 운명은 제주목사의 손에 달렸다.
그렇기에 만덕은 새로 부임해 오는
목사의 성품을 눈여겨보았다.
탐욕스러워 자신의 배를 채우려는 사람인지,
성품이 온화하고 백성을 위하는 사람인지를 살폈다.

그리고 기회가 왔다.
이번에 새로 부임한 제주목사 신광익은
손에 꼽을 정도로 백성을 위하는 인물이었다.
만덕에게 도전의 기회가 온 것이다.

만덕은 조력자로 판관 한유추를 택했다.
그는 성품이 나쁘지는 않지만,
재물을 좋아하는 인물이었다.
만덕은 한유추가 자신을 기꺼이 도울 거로 생각하고
그를 찾아가기로 했다.

판관 한유추는 만덕이

소박한 무명옷을 입고 나타나자,

어려운 부탁을 하러 온 것임을 단번에 알아차렸다.

만덕은 어렵사리 입을 열어

면천하고 싶은 뜻을 밝히며

제주목사와의 자리를 마련해 줄 것을 청했다.

그리고 제주목사에게 면천을 청하면

한유추에게 힘을 보태 달라고 간곡히 부탁했다.

만덕의 얘기를 들은 한유추는

어이가 없어서 호통을 치고는

즉시 자리를 박차고 나갔다.

판관 한유추 처지에서는 쉽사리

만덕의 청을 들어줄 사항이 아니었다.

면천은 자신이 돕고 안 돕고 할 문제가 아니기 때문이다.

만덕도 한유추가 처음부터

선뜻 도움의 손길을 내밀 것이라는

희망을 품지는 않았다.

그 뒤로 만덕은 보름간 하루도 빠짐없이

한유추를 찾았고,

제주에서는 귀해서 얻기 어려운

고급 비단과 폐물 등을 구해 한유추의 집으로 보냈다.

만덕의 끈질긴 도전과 귀한 재물에

결국 한유추는 설득당해

제주목사 신광익과의 만남을 주선하기로 하고,

만덕의 편을 들어주기로 했다.

제주목사 신광익을 설득하는 문제는

한유추를 설득하는 것과는 차원이 달랐다.

만덕은 한유추에게는 재물을,

신광익에게는 명분에 호소할 작전이었다.

신광익은 무인 출신으로 영조37년(1761) 여름에

제주목사로 부임했다.

제주목사는 행정권과 재판권, 군사권을 쥐고 있었고,

관비는 물론 양민까지도

마음먹기에 따라 얼마든지 죽일 수도 살릴 수도 있었다.

따라서 제주 백성에게 목사는

바다 건너 한양에 있는 임금만큼 두려운 존재였다.

제주목사 신광익도 그동안 만덕의 공을 인정하고 있었고,
만덕이 면담을 청하자,
어려운 청을 들고 올 것을 예상하고 있었다.
그리고 웬만하면 그 부탁을 들어줄 요량이었다.

그런데 기적에서 빼 달라는 말을 듣고는
버럭 화를 내지 않을 수 없었다.
상상도 못 한 일이었고,
만덕은 꼭 필요한 존재였기에
양반의 첩으로 가는 것도 반대해야 할 처지였다.

신광익은 당황하여 썩 물러가라고 호통쳤지만,
만덕은 쉽게 물러서지 않았다.

"소인은 가난 때문에 기생이 되었습니다.
하지만 이젠 가난하지 않으니 신분을 회복하고 싶습니다.
지금 제주에는 가난한 이들이 넘쳐나고 있습니다.
소인이 그들을 도우며 평생을 살도록 해 주십시오."

만덕은 신광익 앞에 머리를 조아리며 간곡히 청했다.

제주목사 신광익은 만덕이

말도 안 되는 청을 고집하고 있다는 것을 알면서도

강하게 만덕을 물리치지 못하고

만덕 앞에서 주저주저했다.

그러자 만덕이 이 틈새를 파고들었다.

"제 아비는 상인이었습니다.

아비처럼 저도 상인이 되고 싶습니다.

큰돈을 벌어서 가난한 이들과 함께 나누며 살겠습니다.

아시겠지만 소인의 화려한 기생 생활은

그리 오래가지는 못할 것입니다.

소인 역시 나이를 들 테니까요.

하지만 상인 만덕은 훨씬 더 제주에 도움이 될 것입니다.

제발 소인에게 그럴 기회를 주십시오."

그러면서 만덕은 들고 온 재물을 내어놓았다.

"이것은 기녀 생활을 하며 모은 것입니다.

가난한 사람들을 위해서 써 주시기 바랍니다.

지금은 이 정도밖에 내놓지 못하지만,

훗날을 기약할 것입니다.

저는 재물을 모으는 재주가 탁월합니다.

먼 훗날 저는 제주에 요긴하게 쓰일 것입니다."

신광익은 마음이 동요했다.

그는 이전 제주목사들처럼 만덕을

제주를 감시하러 오는 한양 관리들의 비위를 맞추며

정보나 빼내게 하는데 이용할 생각은 없었다.

신광익은 백성의 삶을 살피는 것이

우선인 인물이었다.

그런데 막상 제주목사로 부임해 오니,

생각보다 제주의 상황이 좋지 않았다.

구조적으로 가난한 백성들이

가난에서 벗어날 길은 막막해 보였다.

제주의 가난은 육지의 가난과는 비교할 수 없었다.

어찌 난국을 헤쳐나갈지 고심이 크던 차에

만덕이 찾아와서 면천을 요청하며

가난한 백성의 삶을 보살피며 살겠으니,

양인으로 돌려보내 달라고 한다.

이런 기생은 처음이다.

벼슬아치든, 유지든,

모두 제 살 궁리만 하는 시절에 말이다.

만덕은 분명히 사람의 마음을 움직이는 솜씨가 있었다.

머리가 복잡한 신광익은

만덕을 달래서 일단 돌려보냈다.

황당하고 어이없는 청을 들어

지금은 경황이 없으니,

일단 돌아가 기다리라고 한 것이다.

조선 시대 관기는 관청에 속한 국가 재산이었다.

단지 불쌍히 여기는 마음으로

기적에서 이름을 빼주는 법은 없었다.

아무리 제주의 최고 권력자라 해도

면천을 쉽게 결정할 수는 없었다.

그런데도 선뜻 만덕의 뜻을 물리치지 못한 신광익은

며칠 고민하다가 판관 한유추를 불러

그의 의견을 물었다.

한유추는 만덕이 기생으로 있으면서 공헌한 것들을

나열하며 면천을 청했다.

훗날 만덕은 기생으로보다 더 요긴하게 쓰일 것이란

말도 덧붙였다.

신광익은 며칠 더 고민한 끝에

전례가 없는 결정을 하기에 이르렀다.

만덕을 면천하기로 정했다.

기생으로 살기는 아까운 인물이니,

기회를 주기로 했다.

만덕의 나이 스물세 살,

기생이 된 지 10년 만에 천민 신분에서 벗어났다.

제주는 만덕의 일화로 발칵 뒤집혔다.

만덕의 신분 회복을 응원하는 사람도,

눈꼴시게 바라보는 시선도 있었다.

그러나 제주 유지들은 한결같이

못마땅한 눈길을 보냈다.

특히 만덕을 소실로 들여볼까 하는

꿍꿍이가 있던 양반들은

닭 쫓던 개 지붕 쳐다보는 꼴이 되고 말았다.

만덕은 그 어느 것 하나 신경 쓰지 않았다.
다시 평민이 된 것이 꿈만 같았고,
오래도록 준비한 계획이 이루어진 것이 기쁘기만 했다.

두 오라비 만석과 만재도
동생이 면천한 것이 제 일처럼 기뻤다.
그들은 어린 동생이 기생이 되는 것을
막지 못했다는 자괴감과
기녀 동생을 둔 부끄러움으로 늘 괴로웠었다.
그런데 이렇게 동생이 다시 양인으로 돌아왔으니,
어찌 기쁘지 아니하겠는가.

만덕은 임시 거처를 마련하여
두 오라비와 조카들 외에는
아무도 만나지 않고 한동안 조용히 지냈다.
어느 정도 휴식을 마친 만덕은 어느 날
화려한 비단옷과 패물, 장신구를 정리해서
모조리 돈으로 바꿨다.

면천하는 과정에서 모은 재물을 대부분 썼기에

형편이 썩 좋지는 않았지만,

발품을 팔며 장사할 곳을 물색했다.

만덕은 우선 중간상인 역할인

객주를 해 볼 생각이다.

객주는 다른 상인의 물건을 대신 팔아주거나

거래를 주선하고 숙박업과 금융업도 겸하는 곳으로,

장사 경험이 없는 만덕은 객주로 시작해서

위험부담을 줄이며 경험을 쌓고 나서

본격적으로 장사에 뛰어드는 게 낫겠다 싶었다.

운이 좋았는지 싸게 나온 객주 하나가 있었다.

건입포에 서너 채로 이루어진 집이었는데,

객주를 하기엔 몫도 괜찮아 보였다.

건입포는 제주와 육지를 연결하는 관문으로

교역이 활발히 이루어지는 곳이기에

객주를 하기에는 안성맞춤이었다.

만덕은 과감히 건입포 객주를 계약했고,

다행히도 만덕의 객주는 첫 흥행에 성공적이었다.

제주에 이름이 알려진 기생 만덕이

신분을 회복하고서

객주를 열었다는 소문이 널리 퍼졌고,

입소문이 난 객주에는 상인들이 북적이며

거래가 활발히 이루어졌다.

혼자서는 객주 운영이 힘에 부치자,

만덕의 큰 오라비 만석과 그의 아들이 운영에 합류했다.

이로써 김만덕은 조선 최초의 여성 무역 사업가가 되었다.

상업을 천시한 조선 시대에 만덕은

앞서 돈의 가치에 주목했고,

그 안목은 적중했다.

사람이 살아가거나

어떤 일을 도모함에는 꼭 재물이 필요했는데,

상업을 천시하는 사회적 풍습 때문에

많은 사람이 돈의 소중함을 터득하거나 배우지 못했다.

그러나 만덕은 기생 생활을 하면서

돈의 소중함과 가치를 깨달았고,

돈이 사람의 목숨을 살리거나 죽일 수도 있는
무기가 될 수 있다는 것에도 주목했다.

그러나 만덕의 앞날이 꽃길은 아니었다.
객주는 곧 경영 어려움에 부딪혔다.
상인들은 모두 남자였고,
그들은 만덕을 상인으로 인정하지 않았다.
처음엔 호기심으로 만덕을 상대했지만,
그들에게 만덕은 여전히 기생일 뿐이었다.
상인들은 만덕을 동등한 거래 대상으로
대하려고 하지 않고,
음흉한 추파를 던지기 일쑤였다.

아무리 만덕이 기생 이미지를 벗고 싶다고 해도,
이것은 시간이 필요한 일이었고,
서두른다고 해결되는 것도 아닐뿐더러
평생 짊어지고 갈 아픔이기도 했다.
어차피 각오한 일이니,
감내하면 그만이었다.
그래도 만덕은 화려한 기생 시절보다는

입는 옷도 먹는 음식도 누추하지만,
꿈이 있어 지금이 좋았다.

오히려 힘든 것은 만덕보다도 오라비 만석이었다.
성품이 착하고 온화한 만석은
동생이 뭇 남성들로부터 천시를 받는 것을
직접 눈으로 목격하니 울화가 치밀어 올랐다.
만석은 만덕에게 이렇게 능멸을 당하느니,
객주를 접고 혼인을 권했다.

만덕은 객주를 그만두고
혼인할 생각은 없었으나,
만약 혼인을 한다면,
그 상대는 고선흠일 거로 생각했다.

만덕의 마음속엔 언제나 고선흠이 있었다.
정신없이 달려오다 여유가 좀 생기니,
그를 한번 만나고 싶다는 생각이 들었다.

원하지 않는 뭇 사내들이 그리도 많이 찾아왔건만,

한 번쯤 찾아오리라 기다리는 고선흠은

찾아올 기미가 없으니,

만나려면 스스로 찾아가야 했다.

만덕은 용기를 내보기로 하고

고선흠 집을 향해 걸음을 나섰다.

만덕이 찾아오자

고선흠은 당황해서 얼굴이 벌게졌다.

그는 어찌해야 할지 몰라서

말까지 더듬거렸다.

"자…… 자네가…… 어쩐 일인가?"

"지나가는 길에 들렸습니다.

    한번 뵙고 싶어서요."

"아…… 그런가? 면천했다는 소식은 들었지. 축하하네."

"고맙습니다. 근데 이렇게 계속 세워두실 건가요?

    냉수라도 한 잔 주시지요."

"아…… 들어 오게.

    줄 것이 냉수밖에 없지만."

만덕도 처음엔 낯설고 불편했지만,

몇 번을 반복하니,

차차 익숙해졌고 고선흠을 찾는 것이 즐거워졌다.

고선흠도 불쑥불쑥 만덕이 찾아오니,

황당하고 부끄러웠지만 싫지는 않았다.

어느 새 두 사람은 얼굴을 마주하는 것이 자연스러워졌다.

어느 날 만덕은 고선흠에게 마음을 고백했다.

오래 전부터 그를 마음에 두고 있었다고.

고백을 받은 고선흠은 잠시 쭈뼛쭈뼛했지만,

어느새 자신의 마음속에

만덕이 들어와 있음을 깨닫고,

그 마음을 받아들였다.

두 사람은 혼인하기로 했다.

그러나 운명은 만덕에게

평범한 여인의 삶을 허락하지 않았다.

고선흠이 전염병에 걸린 것이다.

병에 걸린 고선흠은 열이 펄펄 끓으며 앓았고,

가끔 헛것을 보고 헛소리를 했다.

병에 걸린 그를 돌보는 내내 만덕은 힘들고 괴로웠다.

어릴 때 어머니를 잃은 것처럼

그도 자신을 떠날 것이 두려웠다.

고선흠도 그런 만덕의 마음을 아는지

자신의 병보다도 만덕을 더 걱정하며 위로했다.

그러나 고선흠은 병을 이기지 못하고

시름시름 앓다가 끝내 세상을 떠났다.

고선흠을 잃은 만덕은 눈물도 흘리지 못하고

멍하니 허공만 바라보았다.

한동은 만덕은 객주 일도 놓은 채

방에 꼭 틀어박혀 꼼짝도 안했다.

그리고 어느 날 만덕은 털고 일어섰다.

만덕은 고선흠이 남긴 두 딸을 거두었다.

그들은 만덕의 상단에서 일했고,

평생 만덕을 어머니로 모셨다.

고선흠을 마음에 묻고

장사에만 집중하기로 한 만덕은 객주를 접고

본격적으로 장사에 뛰어들었다.

시작은 자신이 잘 아는 분야인 장신구와 화장품으로 정했다.

발품을 팔아서 양반 부인들이 좋아할

장신구와 향이 좋은 분을 사들였고,

육지 상인과도 직거래를 시작했는데,

거래 품목은 미역, 소금, 표고버섯 등을 주고

곡물과 목화 등으로 바꾸었다.

직원으로 채용한 상인들에게도 만덕은

후하게 임금을 주었다.

그러나 여성이 운영하는 상단은 별로 인기가 없었다.

만덕이 경영난에 허덕이는 어느 겨울,

설날이 열흘 정도 지났는데,

간혹 들르던 전라도 상인이 솜을 들고 만덕 상단을 찾았다.

원래는 설날 전에 와야 했는데,

풍랑을 만나 고생하다가

보름가량 늦게 도착했다는 것이다.

대목을 놓치고 철 지난 솜을

어디다 팔지 난감한 표정을 지으면서

솜을 팔아서 아들을 장가보내야 한다는

속사정을 털어놓았다.

상인은 솜 값이 전부 2천 냥인데,

반값에라도 사 달라고 만덕에게 간곡하게 청했다.

애기를 들은 만덕은 상인의 사정이 딱하였다.

까딱하다가는 들고 온 솜을 그대로 가지고

돌아가야 할 판이었다.

만덕에겐 천 냥 가량이 있었는데,

이것은 다른 상품을 사려고 준비한 돈이었다.

이 돈으로 만덕은 그 솜을 모두 사들였다.

만덕의 오라비 만석은 어이가 없었다.

이제 겨울이 거의 지나가고 봄을 기다리는 차에

솜을 살 사람은 아무도 없을 것이다.

있는 돈으로 솜을 사면

당장 다른 물건은 어찌하란 말인가.

그렇다 해도 만석은 동생에게 아무 말도 하지 않았다.

그러나 몇 달 내내 창고에서 썩고 있는 솜만 보면

한숨이 터져 나왔다.

만덕의 상단은 철 지난 솜을 산 대가로

재정적으로 더 어려움에 부닥쳤다.

주변에서는 이 솜을 반 가격에라도

다른 상단에 넘기고 현금을 마련해서

현실을 넘겨보자고 했지만,

만덕은 고개를 저었다.

제주에서 솜은 아주 귀한 물건으로,

아무리 어려워도 그리 헐값에 넘길만한 것이 아니었다.

그런데 이 솜이 행운을 불러왔다.
그해 목화 농사가 극심한 흉작이 들어서
겨울이 오기 전에 솜 가격이
천정부지로 뛰어오른 것이다.

만석은 쾌재를 부르며
창고의 쌓아놓은 솜을 보고는
20배는 불려 팔아도 다 팔릴 것이라며
흥분을 감추지 못했다.

그러나 만덕은 원래 가치가 2천 냥인 솜에
다섯 배만 올려서 팔았다.
이 솜은 눈 깜짝할 사이에 팔려나갔고,
만덕은 만 냥을 마련했다.
만석은 적어도 5만 냥이나 6만 냥은 받을 수 있는 것을
그리 싸게 넘기는 동생이 달갑지 않았지만,
묵묵히 입을 닫았다.

당시 만 냥은 평민이 평생동안 모아도

모을 수 없는 액수였다.

만덕은 만 냥으로 배 한 척과

제주 특산물인 미역과 감귤, 표고버섯, 진주 등을 사들였다.

그리고 상단의 상인들이 이 물건을

육지에서 온

쌀과, 보리, 콩, 도자기, 화장품, 장신구 등으로 바꾸어 왔다.

상단 창고에 귀한 물건이 가득 차자,

만덕은 물건을 품목별로 나누어서

제주 사람들에게 팔았다.

본격적으로 사업을 시작한 만덕은 사업 철학을 발표했다.

이 철학은 장사를 시작할 때부터 마음에 새긴 것으로,

만덕은 이 철학을 어김없이 지키리라 마음 먹었다.

    첫째, 이익은 적게 남기고 많이 팔 것.

    둘째, 적정한 가격에 사고팔 것.

    셋째, 신용을 꼭 지킬 것.

만덕은 이익을 많이 남기는 것에 그리 연연하지 않았고,

물건을 사들일 때

무조건 싼 가격이 아닌 적정한 가격을 지급했으며,

육지 상인이 가져온 상품이라도

가격이 싸거나 귀하다고 해도

무턱대고 사재기를 하지는 않았다.

또 한 번 거래를 시작하면

그 인연을 꾸준히 유지하는 신용을 보였다.

만덕의 사업 능력은 탁월했다.

언제 미역을 사고, 언제 표고버섯을 사야 하는지 등,

물가의 변동과 기후에 따른 생산량을

미리 파악하여 상품을 거래하니,

물건이 없어서 못 팔지도,

많아서 남기지도 않았다.

만덕 상단은 나날이 번창해 서너 채가 더 늘었고,

관가에 물건 납품까지 맡아서,

수많은 행수와 상인을 거느리는 거대 상단으로 발전했다.

그러자 만덕을 바라보는 사람들의 시선도

조금은 바뀌기 시작했다.

이제 만덕은 제주는 물론 육지 상인에게까지도 인정받는 명실상부한 거상이 되었다.

조선 후기로 들어서면서 신분제도에 변화가 생겼다.

임진왜란으로 나라 경제가 어려워지자,

전쟁에 공을 세웠거나 재물을 내어놓은 자에게

양반을 하사한 것이다.

게다가 농업이나 상업으로 재물을 모은 평민이

몰락한 양반의 족보를 사서

양반이 되는 경우가 많았다.

그러자 양반의 수가 급격히 늘고

농민의 수가 줄었다.

양반의 수가 늘어나니,

양반의 상징인 갓의 수요가 폭발적으로 증가했다.

숙종 때부터 갓은 제주 여인들의 돈벌이로 자리 잡았다.
갓은 모자와 차양인 양태로 구분되는데,
만드는 과정이 복잡하고 정교해서
정성이 이만저만 들어가는 것이 아니었다.

갓의 모자는 질기고 부드러운 말총으로 만들고,
갓의 양태는 대나무를 머리카락처럼
가늘게 쪼개 엮어서 만든다.
이런 갓을 만드는 데는 여간 노력이 드는 것이 아니었다.
어머니의 어머니로부터 대물림한
제주 여성들의 갓 만들기는
인고의 세월 끝에서 탄생해 육지로 나갔다.

특히 제주 양태는 전국적으로 유명했기 때문에
품귀현상이 난 양태를 구하러
육지 상인들이 만덕의 상단 근처로 몰려들었다.
때마침 200년 동안이나 옥죄던
출륙금지령이 해제되었다.

물론 출륙금지령 해제는 제주 남자들에게만 해당되었다.
드디어 제주 상인들은 배를 타고
육지로 나가 원하는 물건을 사올 수 있었다.
제주 상인들은 또 다른 기회를 맞이하게 되었다.

이것이 기회임을 본능적으로 느낀 만덕은
상단의 행수들을 제주와 가까운 해남과 강진으로 보내
생산자와 직접 거래를 시작했다.

만덕은 부패할 염려가 적은
양태와 마른미역, 말린 표고버섯 등을
주거래 품목으로 정했는데,
결국엔 강진에 이 품목들을 독점으로 공급하게 되었고,
만덕 상단의 부는 점차 쌓여갔다.

육지로 나가는 선단을 볼 때마다 만덕은
아쉬움과 한숨이 새어 나왔다.
육지로 향하는 배를 보면
자신도 모르게 진한 그리움이 밀려들었다.

'저들처럼 배를 타고 육지로 나가면 얼마나 좋을까?

육지의 전경은 어떤 모습일까?

육지 사람들의 사는 모습은 어떨까?

육지의 상단은 어떻게 운영될까?

육지에 나가서 직접 거래를 하면 어떤 느낌일까?

육지로 나가는 날을 내가 맞이할 수 있을까?'

만덕은 육지로 나갈 날이 있을 거라는 희망을 품고
상단의 규모를 키워나갔다.
만덕 상단은 거래 품목에
제주산 말을 하나 더 추가하였고,
전라도를 지나 충남 논산까지 진출했다.

기후가 따뜻하고 광활한 초지가 펼쳐진 제주는
말 사육의 최적지였다.
제주산 말은 조선에서 최고였다.
말을 길러 조정에 진상하는 것이
제주목사의 중요 임무 중 하나였으니,
제주산 말의 가치는 누구나 인정하는 바였다.
그러니 개인 목장에서 키운 제주 말은

인기가 좋아서 비싼 가격에 팔려나갔다.

제주도에서 자란 말 한 필은

전라도 강진에서 쌀 20석(1석이 144㎏)과 교환했다.

그런데 나주로 가면 가격이

2배로 올라 쌀 40석에 거래되었다.

그리고 다시 한양으로 가면

4배인 80석에 거래되었다.

이런 사실을 안 만덕은

개인 목장에서 키운 말을 사들여서

배에 실어 전라도 강진을 거쳐 나주나 논산으로 보냈다.

한양과 가까운 강경에 도착하면

말 가격은 무려 3배로 뛰어 있었다.

출륙금지령 해제를 계기로

만덕의 상단은 하늘 높은 줄 모르고 번창해갔고,

더불어 김만덕이란 이름도 드높아졌다.

만덕은 혼자만 번창하지는 않았다.

상단의 상인들에게도,

상단 일을 하는 아범들이나 아낙네들에게도

하다못해 허드렛일을 하는 이들에게도

너나없이 후하게 임금을 주었다.

땅이 척박하고 풍랑과 해일에 시달리는

당시 제주는 한두 해 걸러 흉년으로

몸살을 앓았고,

이때마다 굶어 죽는 사람이 넘쳐났는데,

만덕 상단의 식구들 삶은 나름 풍요로웠다.

그러자 만덕 상단에서 일하겠다는 일꾼들이

구름처럼 몰려들었다.

이제는 여성이 운영하는 상단은 아무 문제도 되지 않았다.

부가 쌓여 풍요로워진 만덕이지만,

자신을 면천해 준

신광익 제주목사와의 약속을 절대로 잊지 않았다.

실은 만덕은 객주를 시작하면서부터

가난한 이들에게 먹을 것과 물품들을 나눠주었다.

객주나 상단 경영이 어려움에 부딪혔을 때도 그랬다.

이제 거상이 된 만덕은 거의 매일,

마을 공터에 가마솥 수십여 개를 놓고,

콩죽과 보리죽을 끓이고,

감자와 고구마를 삶았다.

가마솥에 불이 피어오르면

가난한 이들이 마을 어귀까지 길게 줄을 선다.

이들은 만덕이 건네는 죽 한 그릇으로,

감자와 고구마 한 덩이로,

하루를 연명하며 고단한 생명을 이어갔다.

농사지을 땅이 부족한 제주는

툭하면 기근에 시달렸다.

그러자 조정에서는 제주와 가까운

전라도 해안에 곡식 창고를 지어서

제주의 기근에 대비토록 했다.

그러나 흉년이 크게 들면

전라도의 곡식 창고 역시 텅 비었고,

어찌어찌하여 곡식을 마련해 제주로 보내도

제주로 향하는 바다는 풍랑이 심하고 파도가 거세어

곡식을 실은 배가 가라앉기 일쑤였다.

정조 16년(1792)에 시작해서
4년간이나 지속한 흉년은 조선 최악의 흉년이었다.

특히 고립된 제주의 흉년은 참혹하기 그지없었다.
1793년 5월엔 홍수로 피해를 보았고,
여름에는 가뭄으로 농작물이 말라 죽었고,
겨울철에는 태풍이 불어 모든 것을 쓸어갔다.

그리고 1794년 기근은 절정에 달했다.
먹을 것이 물밖에 없었기에,
인심은 사나워 폭력이 난무했다.
가난한 사람들은 나무껍질과 나뭇잎, 풀뿌리로
목숨을 연명했지만,
얼마나 더 버틸지는 하늘만이 알 뿐이었다.

거리마다 매일 굶어 죽은 시신이 뒹굴었고,
하루아침에 부모를 잃은
아이들의 울음소리가 넘쳐났고,
모든 것을 잃고 정신이 나가 배회하는 이들이 수두룩했다.

오늘도 만덕은 관덕정 관장과 삼성혈 길목에
커다란 가마솥을 늘어놓아
콩죽을 끓이고, 감자와 고구마를 삶도록 지시했다.
배를 곯은 사람들이 죽 한 그릇,
감자, 고구마 하나 얻어 목숨을 연명하려고
구름처럼 몰려들었다.

'진휼곡'은 제주의 흉년을 대비한 제도였다.
제주에 흉년이 들면
전라도 해안의 곡식 창고에서
봄에 곡식을 나누어주고
추수철인 가을에 거둬서 채워 넣는 제도이다.

진휼곡은 적게는 수백 석에서
많게는 수만 석에 이르렀는데,
가끔 쌀이 포함되기도 했지만,
주로 보리, 콩, 조 등의 잡곡이 대부분이었고,
감자나 고구마 등의 구황작물도 포함되었다.
그리고 수천, 수만 석의 진휼곡을 보낼 때면
반드시 수백 석의 소금도 함께 보내왔다.

정조17년(1793) 5월에 부임한 제주목사 이철운은

제주의 흉년이 극심하자,

조정에 진휼곡을 청하는 상소를 올렸고,

정조는 2만 석을 제주로 보냈다.

그런데 딤관오리 이철운은

제주인의 목숨값인 진휼곡을

자기 잇속 챙기는 데 썼고,

허구 헌 날 흥청망청 술과 기생에 빠져 살았다.

그 사이 제주 사람들은 굶주림에

생명을 내맡겨야 했다.

결국 이철운 제주목사는 파직당했고,

새 목사가 부임했다.

만덕은 관아의 동정을 면밀히 살폈다.

신임 목사가 부임한 지 한 달이 넘었는데,

관리들이 찾아오질 않았다.

목사가 바뀌면 제주의 이름난 상단에

이런저런 명목으로 상납을 요구했고,

어쩔 수 없이 만덕을 비롯한 상단의 주인들은

크나큰 재물을 바쳐야 했다.

그런데 이토록 조용하다니,

참 희한한 일이었다.

이제껏 만덕이 겪은 스무 명이 넘는 제주목사들은

대체로 백성은 뒷전이었고,

권력을 이용해 자기 배를 불리기에 바쁠뿐더러

어떻게든 윗전에 잘 보여

제주를 빠져나갈 궁리만 했다.

그렇기에 제주목사는 조정에 보낼

진상품에 목숨을 걸었는데,

그 진상품에는 조정으로 가는 것만이 아닌,

중간 벼슬아치들의 몫도 두둑히 있었다.

제주목사는 흉년이 들면

그것이 자신의 책임으로 돌아올 것을 벌벌 떨며

진휼곡을 청하는 상소를 아예 올리지 않거나

오히려 크게 부풀려 청구해서 꿀꺽 삼키곤 했다.

정조18년(1794) 이우현은 최악의 상황에서

제주목사로 부임했다.

제주 백성이 굶주림으로 20퍼센트나 죽었다는

참혹한 상황을 보고 받은 이우현은

사태가 심상치 않음을 직감하고

부리나케 진휼곡 2만 석을 청하는 상소를 올렸다.

전국적인 흉년으로 정조도 난감한 상황이었다.

이미 이전에 2만 석이나 되는 진휼곡을 보냈는데,

또 청하는 상소를 받으니,

어찌해야 할 지 고민이 컸다.

흉년이 제주만의 고통이 아니니,

진휼곡을 보내지 말자는 대신들의 의견도 만만치 않았다.

그러나 정조는 이우현 제주목사가 전한

제주의 상세한 소식을 읽고는

제주의 상황이 급박하다는 것을 인지하고,

청한 2만 석에는 못 미치지만,

1만 1천 석을 배 12척에 실어 보냈다.

진휼곡이 도착하려면 족히 두 달은 기다려야 하는데,

이우현은 마냥 기다릴 수 없었다.

굶주린 백성이 하루에도

수십 명씩 죽어 나가고 있었다.

이러다가는 제주 백성을

절반이나 잃을 지경에 처한 것이다.

이우현은 관아의 곡식 가운데

군량미를 최소한만 남기고 한곳에 모았다.

그러나 그 곡식으로는 관아 인근 마을의

굶주린 백성들에게 나눠 주기도 턱없이 부족했다.

급박한 마음에 이우현은

제주 유지들을 불러 도움을 요청했다.

그러나 대대로 많은 토지를 소유한 그들도

4년째 계속된 흉년으로

보유한 곡식이 별로 없었다.

게다가 이미 몇 차례나 전임 목사들의 요구로

곡식을 내놓은 터였다.

아무리 그렇다 하더라도 신임 목사의 청이니

그들은 어쩔 수 없이 내놓는 시늉을 해야 했다.

그나마 이우현의 기지로 근근이 버티던 차에

학수고대하던 진휼곡이 도착했다.

그러나 하늘이 제주 백성을 버리는 것인가.

오는 도중에 풍랑을 만나

12척 배에 실린 1만 1천 석 중

5척이 가라앉아

2천 석을 잃고

9천 석 정도가 도착한 것이다.

처음에 이우현 제주목사가 요구한 곡식 2만 석은

제주 백성을 살릴 최소한의 양이었다.

하지만 흉년이 지속하면서

정조도 이 요구를 들어주지 못하고

반 밖에 보내지 못했는데,

설상가상으로 그중 20퍼센트를 잃었으니,

제주 백성들이 이번 흉년을 견디리라는 보장이 없었다.

만덕도 오매불망 진휼곡을 기다렸는데,

2천 석을 잃었다는 소식을 듣고

땅바닥에 주저앉았다.

정말로 하늘이 제주를 버리는가.

도착한 곡식은 몇 달도 버티지 못하고

바닥을 드러낼 것은 불 보듯 뻔했다.

그날 밤, 만덕은 잠을 설치며 깊은 고민에 빠졌다.
이대로 가다간 불쌍한 사람들이
모두 굶어 죽게 생겼다.
아무리 흉년이 밤낮없이 찾아오는 제주였지만,
평생 이런 극심한 흉년은 처음이다.
매일 콩죽과 보리죽을 끓이고
고구마와 감자를 삶는 것으로는
그들을 구할 수 없을 것이다.
극닥적으로 시신을 가져다가 먹는 사람이 있다는
흉흉한 소문까지 나돌고 있는 상태였다.

다음 날 아침 만덕은 큰 결심을 하고
행수들을 불러 모았다.

"재물을 잘 쓰는 자는 밥 한 그릇으로도
굶주리는 자의 목숨을 구할 수 있지만,
재물을 잘 못 쓰는 자의 밥 한 그릇은
썩은 흙과 같이 버려지고 만다."

만덕은 행수들에게 재물을 모두 풀어서
구휼하겠다는 뜻을 전했고,
만덕의 말을 들은 행수들은 당황해서
언뜻 그 말뜻을 이해하지 못했다.

　'상단의 재물을 다 내어 구휼 하다니.

　제 정신인가.'

입이 떡 벌어진 행수들과 상인들은
결국 만덕의 높은 뜻을 깨닫고,
얼른 그 명에 따랐다.
그들은 보유한 어음을
현금이나 미역, 표고, 양태, 말총 등으로 바꾸었고,
창고에 보관한 상품들도
다 끄집어내어 배에 실었다.

물건을 가득 실은 배 세 척이
곡식을 구하러 전라도를 향해 출발했고,
만덕은 풍랑을 만나지 말고
잘 돌아와 주기만을 기도하고 또 기도했다.

이번마저 바다에 곡식을 빼앗긴다면
모두 죽은 목숨이기 때문이다.

배가 출항한 지 한 달이 채 안 되어
배 세 척에 곡식을 가득 실은 배가 돌아왔다.
극심한 흉년에 곡식을 구하는 일이
몹시 버겁고 힘겨웠지만,
제주 백성을 살리려는
만덕의 뜻을 잘 인지한 상인들은
불가능에 가까운 곡식을 구해왔다.

하늘이 도왔는지,
풍랑도 만나지 않았다.
만덕 상단이 구해 온 곡식은
쌀과 잡곡을 합쳐 500석과 소금, 감자, 고구마였다.
만덕은 이중 50석은 친지들 구휼을 위해 남겨두고,
나머지 450석과 소금, 감자, 고구마를
당장 관아로 옮겨,
이우현 목사에게 전했다.

이 곡식으로 제주 전체가 20일 넘게 버티며

지긋지긋했던 기나긴 흉년의 끝자락을 보냈다.

극심했던 4년간의 흉년이 어느 정도 진정이 되자,

이우현은 제주 백성의 진휼 과정을

상세히 기록한 보고서를 조정에 올렸다.

보고서에 이우현 제주목사는

전 정의현감 고한록이 300석,

장교 홍삼필과 양성범이 각각 100석의 곡식을 기부하여

진휼에 큰 보탬이 되었다고 썼다.

일반적으로 진휼이 끝나면

조정에서는 수고한 관리나 지역 유지에게 포상했다.

흉년이면 제주의 유지들은 어쩔 수 없이
구휼미를 내놓아야 했다.
이것은 선행의 의미도 있었지만,
훗날 행해질 포상을 목표로 한 경우가 더 많았다.
한 마디로 재물로 명예를 사는 것이다.

정조는 보고서를 읽고 그에 따라 포상했다.
포상은 대부분 벼슬을 내리는 것으로 이루어졌다.

"고한록은 고비 때면 매번 재물을 내놓으니
고향인 제주 백성을 사랑하는 마음이
있음을 능히 알 수 있다.
대정현감으로 임명하여 군수의 이력으로 삼게 하라.
또한 홍삼필과 양성범이 1백 석을 내놓은 것은
육지의 1천 석에 필적하는 선행이므로
두 사람 모두 순장으로 승진 임명하라."

애석하게도 김만덕의 이름은 빠져 있었다.
그것도 가장 많은 곡식을 기부했는데도 말이다.
흉년 초기에 기부한 몇백 석은 그렇다 치더라도

흉년 말에 기부한 450석은
곡식값이 천정부지로 뛰어오를 시기라,
그 값어치를 가늠하기조차 어려울 정도였다.

이우현도 보고서를 올림에 고심이 컸다.
이제껏 제주에서 이런 엄청난 기부는 없었으니,
조정에 보고해야 마땅했지만,
우선 제주 유지들이 만덕의 자선을
알리는 것을 반대하고 나섰다.
이우현 제주목사도 미천한 기생 출신의 여성 상인이
제주에서 행세깨나 한다는 양반이나 토호들보다
훨씬 더 많은 곡식을 기부했다는 사실이 알려지면
조정에 큰 파문이 일 것은 물론,
제주 유지들에게 흠집이 생길 것을 우려해,
만덕의 이름을 일부러 누락했다.

만덕의 기부는 양반이었다면
전라도 관찰사나 최소한 제주목사 직을
포상으로 받을 정도의 선행이었지만,
신분이 천하고 여성이라는 이유로 보고 되지 않았다.

하지만 제주 사람들은 알고 있었다.
자신들을 살린 것이 그 누구도 아닌
만덕이라는 사실을.

"만덕 할망이 우리를 살렸다.

만덕 할망은 우리의 은인이다.

만덕 할망 고맙소.

덕분에 살았소."

제주 사람들은 한결같이 이렇게 만덕을 칭송했고,
포상받은 사람들 이름은 언급조차 하지 않았다.

8개월 뒤 정조는 제주의 인구가
20퍼센트 넘게 감소한 것에 대한 책임을 물어
이우현을 파직하고
유사모를 제주목사로 임명했다.
이우현 처지에서는 무척 억울한 일이었다.
흉년 말미에 부임해서
전임 목사들의 실정까지 떠안고 물러나게 되었으니 말이다.

새로 부임한 유사모는 인구가 대폭 감소한 이유를

철저히 밝히라는 왕명을 받았고,

조사하는 과정에서 만덕의 자선 사실을 알게 되었다.

그는 이런 엄청난 기부가 빠졌다는 사실을

정조에게 보고했다.

보고를 받은 정조는 이렇게 중요한 것을

누락한 것에 몹시 불편한 심기를 드러냈고,

반면에 만덕의 자선을 거듭 칭찬하며

어떤 포상을 내려야 할지

대신들에게 의견을 내놓으라고 했다.

그러나 대신들 누구도 명쾌한 답을 내놓지 못했다.

천인이라면 면천을 해 줄 텐데,

이미 면천이 되었으니 면천도 할 수 없는 상황이고,

여성이라 벼슬을 내릴 수도 없으며,

나라 재정이 좋지 않으니

금은보화를 내릴 수도 없었다.

딱히 여인에 포상할 것이 없어 난감한 상황이었다.

정조는 고심 끝에 제주목사에게 명을 내렸다.

"여인이 거대 상단을 운영한다는 것도 놀라운데,

큰 재물을 내어 굶어 죽는 백성을 구휼했다니

참으로 가상하다.

사내라면 벼슬을 내리고,

천인이라면 면천을 해 줄 텐데,

아낙이라니 어떤 상을 내려야 할지 막막하구나.

김만덕에게 그 소원을 물어보고

어렵고 쉽고를 따지지 말고 꼭 시행하도록 하라."

유사모는 어명에 따라 만덕을 불러 소원을 물었다.
만덕은 이때다 싶어 만덕다운 소원을 내놓았다.

"한양에 가서 궁궐에 들어가 임금님을 만나 뵈옵고,
금강산이나 한번 오르면 소원이 없겠습니다."

만덕의 소원을 들은 유사모는
난감한 표정을 감추지 못했다.
제주 여성치고 육지 구경을 해 본 여성은 없었는데,
그것도 궁궐까지 가서 임금을 뵙고,
금강산까지 가겠다니,
이 어찌 난감하지 않으랴.

만덕은 소원을 말해보라는 어명을 받았을 때
품은 꿈을 이룰 수 있지 않을까 하는 희망에 부풀었다.
상상도 못 할 소원을 내놓음으로써
만덕은 국법에 도전하고,
제주 여인의 운명에 저항했다.
만덕의 소원은 출륙금지령으로
200년 가까이 가둬놓은 억눌린 제주 여인들의
한풀이와 같은 것이었다.

유사모는 만덕의 소원을 듣고
얼굴이 벌겋게 닳아 올라
다른 소원을 말할 수 있는지를 청하였으나,
만덕은 흔들림이 없었다.

유사모는 독단적으로 결정할 수 없는 사안이라
이 사실을 정조에게 알렸다.

이 사실은 조정에 파란을 일으켰다.
대신들은 있을 수 없는 일이라며 크게 화를 내며,
그런 염치없는 소원을 낸 만덕을
엄벌에 처하라는 상소가 빗발쳤다.

정조도 처음엔 난감했지만,
허를 찔린 소원을 낸 만덕에 깊은 호기심이 생겼다.
어떤 여인인지 만나보고 싶었다.

정조는 약속대로 만덕의 소원을 들어주라고 명했다.
더불어 만덕이 한양으로 올라오는 데
불편함이 없도록 역마를 내주고,
거치는 지방 관아의 수령들은
숙식과 편의를 최대한 제공하라는 명도 함께 내렸다.

1796년 가을, 정조 임금이 보낸 배가
만덕을 태우러 건입포에 정박했다.
제주는 만덕이 임금을 뵈러 간다는 소식으로
온통 들썩였다.

제주 여성으로 처음 배를 타고 육지로 나가고,
제주의 권력가들조차도 임금을 만난 이들이 거의 없는데,
만덕이 임금을 뵈러 간다니,
만덕을 보러 포구 주위는 인산인해였다.
유사모 제주목사를 비롯해

103

수많은 제주 사람들의 배웅과 부러움을 받으며
만덕은 배에 탔고,
만덕을 태운 배는 전남 해남으로 뱃머리를 돌렸다.

풍랑도 없이 바다는 잔잔했다.
이런 모습은 늘 상상 속에서 있던 것이었는데,
이것이 현실이라니.
이렇게 배에 오르면 육지로 향할 수 있는 것을,
어찌하여 손발을 묶어놓는단 말인가.

만덕은 배에 가득 실은 제주 특산물을
물끄러미 바라보았다.
이제 곧 이것은 육지의 물건으로 바뀌어
다시 제주로 돌아갈 것이다.
그토록 소원하던 육지인과 직접 거래할 기회가 생기다니.

해남에 도착해 육지에 첫발을 내딛는 순간을
만덕은 영원히 잊을 수 없었다.
만덕은 이 순간을 생이 다할 때까지 고스란히 간직했다.
그것은 마치 금단의 선을 넘는,

혁명가가 된 기분이었다.
마치 이 순간을 위해서
이제껏 생명을 이어온 느낌이었다고나 할까.

해남과 강진 땅을 처음 밟은 만덕은
묵묵히 배에 가득 싣고 온 제주 특산물을
곡식과 소금으로 직접 거래해 바꾸었다.
이제 육지에 와서 직접 물건을 거래하는
만덕의 소원이 이루어진 것이다.

'이것이 일상으로 이루어지면 얼마나 좋을까.
그럼 제주 여인들의 삶도 훨씬 나아지련만.'

소원을 이룬 만덕에게
더 큰 소원이 생겨나는 순간이었다.

해남과 강진 상인들도 신기하긴 마찬가지였다.
그토록 유명한 기생 출신 만덕을 만난 것도,
만덕이 임금님을 알현하러 한양에 간다는 것도
모두 믿기지 않는 사실이었다.

가는 곳마다 만덕과 거래하려는 사람들이 줄을 이었다.

이 또한 생소하고 낯선 풍경이었다.

원래 육지의 남자 상인들은

여성 상인들과의 거래를 꺼리는데,

만덕은 예외였고,

오히려 만덕과의 거래를 자랑스럽게 여겼다.

만덕은 소원대로 육지의 상인들과 거래를 하며

한을 풀었고,

거래한 물품들은 함께 배를 타고 온

상단 행수들이 배에 가득 싣고 제주로 돌아갔다.

그리고 만덕 일행은 영암·정읍·여산·공주·수원을 거쳐

한양으로 향했다.

한 달이 넘는 긴 여정이었지만,

지나는 고을마다 수령들이 버선발로

뛰어나와 맞이하며 극진히 대접했기에

고단한 줄도 몰랐다.

이윽고 한양에 도착한 만덕을

영의정 채제공이 기다리고 있었다.

채제공은 영조가 사도세자를 죽이려고 할 때

목숨을 걸고 말린 인물로,

사도세자의 아들 정조가 즉위하면서

정조의 개혁 전면에 선 인물이다.

그가 추진한 개혁 중에

관노비 해방이 있었는데,

도망간 관노비를 추적해 체포하는 제도를 없애고

노비를 점진적으로 감축하는 방안이었다.

이 정책은 그 뒤 노비를 해방(1801년)하는

첫 발걸음이 되었다.

채제공은 이제 일흔 살이 넘은 노령이었지만,

힘겨워하지 않고,

만덕을 맞이해 극진히 대접했다.

채제공을 만난 만덕은 그의 학식과 신사적인 태도에

마음이 끌리었다.

그는 제주의 남자처럼 투박하지도

신분이 높다고 으스대지도 않았다.

말 그대로 선비였다.

고선흠 이후 처음으로 남성에게 느끼는 감정이었다.

임금을 만나려면 벼슬이 필요했다.

채제공은 만덕을 의녀 가운데 으뜸인

'의녀반수'로 임명해,

만덕이 입궁할 채비를 마쳤다.

임금 다음으로 높은 조선의 영의정이

아무리 공을 많이 세운 사람이라도

신분 사회에서 직접 맞이해서

일을 처리하는 것은

거의 찾아볼 수 없는 사례였다.

그만큼 김만덕의 상경은 크나큰 화제였다.

정조도 내심 만덕이 도착하기를 기다렸다.

실학 정치를 중시한 정조는

조선이 어느 정도 신분 제도를 재정비하지 않고는

앞으로 세계 정세에서

살아남지 못하리라는 것을 예견하고 있었다.

그렇기에 정조는 더욱더 김만덕에게 관심이 갔다.

만덕이 들어서 절을 올리자,

정조는 친히 다가와 만덕의 손을 잡고,

여인의 몸으로 큰 재물을 풀어

백성의 목숨을 살린 것을 칭찬하고 또 칭찬했다.

정조는 만덕이 고생스럽게 평생 번 재물을

포기하기가 쉽지 않았을 텐데,

그런 결정을 내려 제주를 살린 것이

참으로 고맙다며 선물로 비단을 내렸다.

그리고 정조는 특이한 제주살이와

만덕의 한양 여정에 관해서 담소를 나누었다.

만덕으로서는 여간 영광스러운 자리가 아닐 수 없었다.

임금의 알현을 마친 만덕을

이번엔 왕비인 효의왕후가 기다렸다.

왕비도 만덕이 궁금하긴 마찬가지였다.

제주 여성은 난생처음 만나기 때문이고,

신분이 미천한 여인의 구휼이 자랑스러웠기 때문이다.

왕비는 만덕의 나이가 예순에 가까운

58세라고 들었는데,

실제로 보니 마흔밖에 안 되어 보인다며

만덕의 외모와 백성을 구휼한 공을 치하하며

만덕에게 장신구를 상으로 내렸다.

만덕이 궁을 방문했을 때는 겨울이었고,

겨울에 금강산을 오르는 것은

좋은 선택이 아니었기에,

기다렸다가 봄에 가기로 했다.

덕분에 만덕에겐 한양을 만끽할 여유가 생겼다.

정조는 만덕이 머무는 데 드는

모든 경비를 대고 모든 편의를 봐주어

유달리 신경 쓰라고 명했다.

이런 만덕은 주변의 부러움과 시기의 대상이었다.

만덕은 한양에 머무는 동안 스타가 되었다.

머나먼 제주 여성이라는 특이한 점과

독신 여성 재력가라는 요소는
선비들 사이에서 이목을 끌 만했다.

그들은 여성이 혼인하여 남성에게 몸을 의탁하지 않고
혼자서 거대 상단을 운영하며
미혼으로 사는 것이 신기할 따름이었다.
남편이나 아들이 뒷배를 봐주는 것이 아닌,
여성 혼자서 그런 일을 하는 것이 가능한지도
의심스러울 지경이었다.
조선의 남성은 여성은 태생부터 그런 능력을
타고났다고 생각하지 않았다.
여성은 고등 사고를 할 존재로 인정하지 않았다.

그러니 남과 다른 만덕을 만나러
당대에 내놓으라 하는 유명인들이 만덕을 찾았다.
대표적인 인물이 정약용과 박제가였다.

만덕도 한양 사람들을 만나고,
한양 문물을 접하는 것이 몹시 흥미롭고 즐거웠다.
호기심 많은 만덕의 눈에 비친 육지의 삶은

모든 삶이 바다와 연결된 제주의 삶과는
완전히 딴판이었다.

끼니때도 늘 해산물이 오르는 상과는 다르게
한양에서는 해산물은 구경조차 하기 어려웠다.
게다가 한양의 저잣거리 물건들도
중국을 비롯한 외국에서 온 신기한 것이 많았다.
한양은 풍요로움이 넘쳐났다.

게다가 한양에서는 제주의 말이 잘 통하지 않아
애를 먹어야 했다.
사람들은 만덕의 말을 잘 알아듣지 못했고,
만덕 또한 그들의 언어를 잘 이해할 수 없어,
통역이 필요했다.
그러나 만덕은 이 모든 것을 경험하는 것이
즐겁고 신기할 따름이었다.

정조의 배려 덕분에 한양에서
신비로운 겨울을 보낸 만덕 일행은 봄이 되어
그토록 그리던 금강산 유람에 나섰다.

정조는 만덕 일행이 금강산 만 이천 봉을
잘 둘러볼 수 있도록 강원도 관찰사에게
모든 지원을 아끼지 말라는 명을 내렸다.

만덕 일행이 금강산에 도착했을 때는
온 산에 꽃이 만발해 저절로 입에서 감탄이 나왔다.
만덕은 강원도 관찰사가 보낸
안내자들의 안내를 받으며 금강산에 올랐다.
장안사를 시작으로 만폭동, 묘길상, 죽향봉 등의
금강산 비경을 두루 살펴서 눈에 담았다.
금강산이 아름답다는 말은 익히 들어 알고 있지만,
직접 눈으로 바라보니,
무릉도원이 아닌가 하는 생각에 빠져들었다.

만덕은 험한 산에 오르는 것이 힘에 부쳤지만,
한평생 한 번밖에 볼 수 없는 절경을
나이 탓으로 포기할 수는 없어,
힘을 내고 힘을 내어 오르고 또 올랐다.

만덕에게 가장 인상적인 것은 사찰이었다.

제주엔 불교가 널리 전파되지 않아
제대로 된 절과 불상이 없었다.
예순이 가까운 나이가 되어 비로소 잘 갖춰진
절과 불상을 보는 기쁨은 생각보다 컸다.
만덕은 가는 절마다 시주를 넉넉히 하며
제주의 평안과 상단의 번창을 비는 불공을 드렸다.
그리고 이런 영광을 안겨준 것에 감사했다.

만덕은 한 달여에 걸친 금강산 유람을 마치고
한양으로 돌아왔다.
그동안 만덕은 한양의 사대부들 사이에 한층 더 알려졌다.
신분에 상관없이 많은 이가 만덕을 찾았고,
학자들은 만덕을 주제로 시와 글을 지었다.

다산 정약용은 『다산시문집』에 만덕의 선행을 칭송했다.
다음은 그중 일부다.

　　1796년(정조20) 늦가을,

　　탐라 기생 만덕이

　　역마를 타고 한양에 당도했다.

이듬해 봄, 만덕이 금강산에서 돌아와

고향 제주로 돌아가려고 할 적에

영의정 채제공이 만덕을 위해

소전(간략하게 엮은 전기)을 지어 주었다.

거기에 만덕에 관해 매우 자세하게 서술하였으므로

나는 덧붙이지 않는다.

나는 만덕에게는 세 가지 기특함과

네 가지의 희귀함이 있다고 말하고 싶다.

먼저 세 가지 기특함이란

기안에 실린 몸으로서 수절한 것이 한 가지이고,

큰 재물을 기꺼이 내놓은 것이 두 가지이며,

섬에 살면서 산을 좋아하는 것이 세 가지이다.

또한 쌍꺼풀이고,

관가 종의 신분으로 역마를 탔고,

기생 신분으로 중인을 시켜 가마를 메게 하였고,

외진 섬사람으로 중궁전의 사랑과 선물을 받은 것이

네 가지 희귀함이다.

아! 보잘것없는 일개 여인이

이러한 세 가지 기특함과 네 가지 희귀함을 지녔으니,

이 또한 대단한 일이다.

정약용의 글은 지금의 관점에서 보면

손가락질받을 일이지만,

신분 사회인 조선에서 이 글은 대단한 칭송이었다.

조선 후기의 대표 실학자이자

그 문명이 중국에까지 알려진 박제가도

만덕을 만나고 즉석에서 시를 지었다.

넓은 천지 바다 밖에는 못 나가니

넓다 한들 뉘라서 시집 장가 끝내랴.

제주라 섬나라 이웃은 일본

사또는 천년 세월에 귤만 바쳐왔네.

귤밭 깊은 숲속에서 태어난 여자의 몸

의기는 드높아 주린 백성 없었네.

벼슬은 줄 수 없어 소원을 물으니

만이천봉 금강산 보고 싶다네.

의젓이 다듬은 모습에 돛대도 높이

남쪽별은 빛나 임금님도 기쁨을

바삐 말에 올라 금강산으로 향하니

햇빛도 바람결에 노리개에 찬란타.

정녕 깨달았으리 신라와 마음은 하나

생김도 달라 여자 몸 눈동자가 겹이라.

이제야 알겠노라 바다 건너온 뜻은

잗다란 세상일에 있지 아니했음을.

당시 정약용과 박제가 등

실학사상의 대가가 만덕을 찾은 것은

만덕의 유명세도 있었지만,

만덕이 실학 정신을 실천했기 때문이기도 했다.

김만덕은 18세기에 산 인물이고,

그 시기는 실학이 크게 부각하던 시기였다.

정조는 정약용과 박제가 등과 함께

이론에만 치우치지 않은 실용을 중시했다.

그러나 정조는 유교 사상에 젖은

기존 정치인과 늘 대립해야만 했다.

그런데 천한 김만덕이 실학 정신을 행했다는 소식을 들었다.

.어찌 본보기로 삼지 않을 수 있었겠는가.

그렇기에 정조는 채제공에게 명하여 만덕의 전기를 써

널리 읽히도록 했다.

채제공은 명을 받아 만덕이 금강산 유람을 떠난 뒤,

『만덕전』을 쓰기 시작했다.

『만덕전』은 널리 만덕의 선행을 알려 본보기로 삼고,

만덕의 나눔에 경의를 표하는 글로,

영의정이 미천한 자의 전기를 직접 썼다는 것이

몹시 놀라운 일이다.

채제공은 전면에 나서지는 않았지만,

실학자들의 뜻을 뒤에서 지지한 인물이었기에,

실학자들에게 채제공은 든든한 뒷배였다.

만덕은 제주로 떠나기에 앞서 작별 인사를 하러

영의정 채제공을 찾았다.

채제공은 만덕이 금강산 유람을

무사히 마치고 돌아온 것을 축하하며 글을 적어주었다.

적선지가積善之家, 필유여경必有餘慶
(선을 쌓은 집안은 반드시 경사가 넘쳐난다.)

만덕은 채제공과 헤어지는 것이 못내 아쉽고 슬펐다.

만덕은 솔직한 감정을 표현하며 몹시 아쉬워했다.

그러자 채제공이 답했다.

　"세상 사람들이 조선엔

　한라산과 금강산이 있다고 하는데,

　그대는 한라산의 백록담 물을 마시고,

　이제는 금강산도 두루 구경했으니,

　천하의 사내들도 이런 복을 누린 자가 누가 있으리오.

　사람이 만남이 있으면 헤어짐이 있는 법,

　그러니 슬퍼하지 말고 잘 가시오."

채제공은 이렇게 말하며 만덕을 위해 쓴

『만덕전』과 옥가락지를 선물로 주었다.

만덕이 제주로 돌아간다는 말을 들은 정조는

여비를 챙겨주고,

제주에서 올라올 때와 마찬가지로

각 고을의 수령에게 모든 편의를 제공하라고 명했다.

이리하여 만덕의 6개월간의 긴 육지 여정이 끝났다.
이제 살아서는 다시 밟지 못할 육지 땅을 뒤로하고
만덕은 제주 행 배에 올라탔다.

만덕을 태운 배가 육지의 물건을 가득 싣고
제주에 도착했다.
이제 만덕은 제주의 상징이 되었고,
한동안 조선은 만덕의 훈훈한 이야기로,
가뭄으로 흉흉했던 민심에 따스한 불길을 지폈다.

임금을 뵙고,
금강산까지 구경한 만덕의 귀향을 보려고
포구에는 아침부터 사람들이 몰려들었다.
제주목사도, 제주 유지들도 이들에 합류했다.

만덕으로 말미암아 조용한 제주가 들썩였고,
한동안 제주 전체는 잔치 분위기였다.
극심에 흉년에 살아남은 제주 사람들은
만덕 이야기를 하며 서로를 위로했다.

제주 사람들은 만덕이 돌아오기를
학수고대하며 기다렸다.
얼른 임금을 만난 이야기와 금강산을 구경한 이야기,
수개월에 걸친 한양 여정 등을 듣고 싶어서였다.

드디어 만덕이 탄 배가 포구에 도착했다.
만덕은 수많은 사람의 환영을 받으며
다시 제주 땅을 밟았다.

한동안 제주는 만덕의 여행 이야기로 꽃을 피웠다.
만덕 또한 임금을 알현한 이야기와
육지 이야기를 하나도 빼놓지 않고
조목조목 말해 주어,
섬 밖에 나가지 못한 이들의
호기심과 궁금증을 풀어주었다.

재물을 다 내어 구휼에 힘쓴 만덕 상단은 더욱 번창했고,

만덕은 행복한 노년을 보냈다.

만덕은 칠순이 넘도록

외모가 신선이나 부처와 같았고,

두 눈동자는 초롱초롱 빛나고 맑았다고 한다.

만덕이 제주로 돌아오고 몇 해가 지나

만덕은 정조 임금의 승하 소식을 들었다.

만덕은 세상을 떠난 정조의 명복을 비는 제를 올렸고,

오랫동안 임금을 기리며 더욱더 검소한 나날을 보냈다.

정조가 죽고 만덕은 12년을 더 살았다.

조선 시대 여성은 자신의 이름으로

삶을 살 수 없었지만,

김만덕은 보란 듯이 자신의 이름 석 자로

이 세상을 살았다.

그러나 이런 만덕도 죽음을 피해갈 수는 없었다.

1812년(순조12) 만덕은 74세로 세상을 떠났다.

다음 생에선 차별 없는 세상에서 태어나기를 기원하면서

그렇게 만덕은 눈을 감았다.

만덕은 유언으로 제주가 한눈에 보이는
가으니 마루에 묻히고 싶다고 했다.
재물은 친척들에게 먹고 살 만큼 나누어주고,
나머지는 가난한 이들을 위해 자선했다.

친척들은 만덕의 유언에 따라
성안을 한눈에 볼 수 있는 가우니 마루,
지금의 제주시 화북동에 만덕의 시신을 묻었고,
제주 사람들의 배웅을 받으며
만덕은 돌아올 수 없는 길을 떠났다.

제주 사람들은 만덕을 '만덕 할망'이라고 불렀다.
남녀노소 모두 그렇게 불렀다.
제주 사람들에게 '만덕 할망'은
지체 높은 그 누구보다도 더
그들의 마음속에 남았고,
문헌이나 자료가 아닌 입에서 입으로
그들의 수호신으로 자리매김했다.

만덕이 죽은 지 20일째 되는 1812년 11월 21일,

제주 판관 이국표는 만덕의 행적은 오륜의 바탕이니
두고두고 후대에 본보기가 될 것이라면서 묘비문을 지었다.

김만덕의 본은 김해 김씨로, 탐라 양인의 딸이다.
정조 을미년 기근에 제주 사람이 크게 굶주릴 때,
선뜻 재산을 풀어 수많은 이의 목숨을 살렸다.
임금의 명으로 금강산 만 이천 봉을 두루 유람하고 돌아왔다.

만덕의 죽음은 조정에 전해졌고,
순조는 만덕의 죽음에 명복을 빌고
선왕 시절의 거대한 자선을 치하하며
만덕의 아버지 김응열을 가의대부로,
만덕의 상단을 도운 오라비 만석은 가선대부로 추증했다.
그러나 만덕은 여성이기에 어떠한 벼슬도 받을 수 없었다.

1840년(현종6) 제주에 귀향 온 추사 김정희는
제주 사람들에게 전해지는
만덕의 선행을 듣고 크게 감동했다.
그리하여 만덕의 제사를 모시는
만덕의 오라비 김만재의 아들 김종주에게

「은광연세恩光衍世」(은혜로운 빛이 온 세상에 번진다)라는
현판을 써 주어 만덕을 기렸다.
김정희는 그 현판 옆에 다음의 기록도 남겼다.

김종주의 할머니가 제주의 큰 흉년을 구휼하였다.
임금님의 특별한 은혜로 금강산을 구경하였으며,
벼슬아치들이 모두 전기와 시를 지어 이를 노래하였다.
이는 고금에 드문 일이므로
이 현판을 써 그 집안에 경의를 표한다.

아쉽게도 김정희의 글에도
김만덕이란 이름은 등장하지 않는다.
만덕의 거룩한 자선은 세월을 이어지며
칭송받고 받들어졌지만,
조선은 끝내 김만덕이란 이름 석 자를
허락하지는 않았다.
아비와 두 오라비는 추증되었지만,
정작 자선을 행한 김만덕에겐
남성들의 그림자로밖엔 남지 않았다.

그러나 김만덕은 '만덕 할망'이란 이름으로

제주 사람들 입에서 입으로 전해지며,

제주 출신 그 어떤 남성보다도

'김만덕'이란 이름을 결국엔 남겼다.

김만덕은 시대의 모든 굴레를 벗어던지고

한계를 뛰어넘은 인물로,

가난한 이들을 위해 위대한 나눔을 실천한

'거룩한 자선가'로 영원히 기록될 것이다.

추사 김정희의 글처럼,

김만덕의 은혜로운 빛이 온 세상을 물들였다.

여성으로 태어나서

김만덕

첫판 1쇄 발행 2022년 03월 23일

지은이 윤해윤

디자인(본문, 표지) 빈집 binjib.com

발행인 권혁정 | 펴낸곳 나무처럼

주소 고양시 일산동구 강촌로26번길 49, 3층

전화 031) 903-7220 | 팩스 031) 903-7230

E-mail nspub@naver.com

ISBN 978-89-92877-50-3 (44330) (세트)

　　　978-89-92877-57-2 (44330)

제조국 대한민국 사용연령 10세 이상

제조년월 2022년 3월